죽음 이후
사후세계의 비밀
필사본

죽음 이후 사후세계의 비밀

── 필사본 ──

김도사(김태광) 지음

두드림미디어

001

　우리는 현생을 살면서 환생하기 전의 영혼 세계에 대해 배워
야 한다. 생과 사는 동전의 양면과 같다. 죽음을 두려워하는 사
람은 현재의 삶을 제대로 살 수 없다. 죽음에 대한 두려움 때문
에 이번 생에서 자신이 꼭 성취해야 하는 일들에 에너지를 쏟지
못한다. 그보단 종교 단체에 많은 시간과 돈과 에너지를 쏟아부
을 것이기 때문이다. 죽음 이후의 사후세계에 대해 아는 사람에
게 죽음은 더는 두렵지 않다. 죽음이란 단지 이승(지상계)에서 저
승(영계, 사후세계)으로 순간이동 하는 것에 지나지 않기 때문이다.
죽음이 두렵지 않은 사람은 삶에서 겪는 시련들을 영혼의 성장
을 위한 '장애물 넘기' 정도로 여긴다.

002

　영혼의 세계에선 우리가 사는 행성 지구를 '훈련소'로 여긴다. 이곳에서 사는 모든 영혼은 생도(生徒)이며, 다양한 경험을 통해 지혜와 깨달음을 얻는다. 이 과정에서 영혼의 성장과 영적 진보가 이루어지는 것이다. 우리에게 이번 생이 주어진 것은 절대 우연이 아니다. 사후세계에 있을 때 우리 스스로가 이번 삶을 살 것이라 선택했기 때문이다. 특별한 목적을 성취하기 위해 바로 지금 이때 행성 지구의 이곳에 태어난 것이다.

목차

1장

사람은 죽으면
어떻게 되는가?

인간은 창조주께서 만든 완벽한 존재인데 왜 병에 걸리는 것일까? 먼저 이해할 것은, 병이라는 게 좋다, 나쁘다, 판단할 수 없는 대상이라는 것이다. 인간의 시각에서 무병장수하다 죽으면 좋은 죽음이고, 병을 앓다가 젊은 나이에 죽으면 나쁜 죽음이라 치부된다. 하지만 영적인 측면에서 본다면 어느 쪽이든 사후세계에서 지구라는 학교에 잠시 소풍을 왔다가 다시 사후세계로 돌아가는 것일 뿐이다. 그 이상도 그 이하도 아니다. 다만 지구란 학교에서 무엇을 배우고, 깨닫고, 성취했느냐가 중요하다. 이것이 영혼의 성장과 영적인 진보로 이어지기 때문이다.

004

현생은 전생과 이어져 있다. 전생에서 자신이 배워야 할 것들을 제대로 배우지 못했다면 이번 생에서 배움을 완수해야 한다. 육체는 영혼이 물질세계에서 생활하기 위해 꼭 필요한 옷과 같다. 그리고 무언가를 창조하거나 이동하거나 할 때 활용하는 기계와 같은 것이다. 우리가 현재 입고 있는 옷처럼 세월이 흐르면 육체 역시 해지고 남루해진다. 그러다 더는 영혼이 거할 수 없을 정도가 되면 육체를 벗고 죽음이라는 관문을 통과하게 된다.

005

육체적인 결함인 질병은 우리를 고통스럽게 하려고 찾아오는 것이 아니다. 오히려 그 반대다. 우리가 사는 동안 영적인 성장을 이루도록 돕기 위함이다. 질병으로 인해 우리는 삶의 불편함을 느끼는 한편 건강의 소중함 또한 깨닫게 된다. 그동안 알지 못했던, 몸이 불편한 사람들의 심정을 이해할 수 있게도 되는 것이다. 그러나 무엇보다 중요한 것은 질병으로 인해 인생의 방향이 달라진다는 것이다.

006

나는 그동안 영성과 사후세계를 공부해왔다. 게다가 사후세계에 관한 여러 체험을 하면서 지금의 삶이 전부가 아님을 깊이 깨닫게 되었다. 우리가 인간의 몸을 입고서 사는 지구 행성은 수많은 영혼이 오가는 학교다. 이곳에서 다양한 체험을 하면서 전생에 배우지 못했던 지혜와 깨달음을 얻는다. 영혼에 따라 수천 번, 수만 번의 윤회를 통해 의식 상승, 영적 진보가 이루어진다. 우리가 거듭 환생하는 이유는 영혼의 완성을 위해서다.

007

태어남이 있으면 죽음이 있게 마련이다. 그런데 우리는 죽으면 어디론가 사라지는 존재가 아닌 영원한 존재들이다. 영원히 성장해나가는 영적인 존재들인 것이다. 깨달은 자들은 죽음은 무서운 것이 아닌 우리에게 새로운 체험을 할 수 있도록 해주시는 신의 선물이라는 것을 잘 알고 있다. 죽음 이후 윤회를 통해 또 다른 체험을 할 수 있기 때문이다.

008

인간이 윤회하는 목적은 전생에 배우지 못한 지혜와 깨달음을 얻기 위해서다. 지혜와 깨달음은 오로지 체험을 통해 얻을 수 있다. 우리가 사는 지구 행성 외에도 지혜와 깨달음을 얻을 수 있는 수많은 다른 차원의 세계가 있다. 모든 영혼은 자신의 의식 수준에 맞는 차원의 세계로 이동해나가게 된다. 우리가 수많은 환생을 통해 한 단계 높은 차원으로 이동할 수 있는 것은 죽음이라는 신의 선물 때문이다. 죽음은 끝이 아니라 새로운 시작이다.

009

사람이 죽은 후 그 영혼은 저승으로 넘어가게 된다. 그런데 귀신은 이승에 미련이 있거나 저승이 두려워서 넘어가지 못한다. 저승으로 넘어가야 하는 시간이 따로 있는데 그 시간을 놓치면 영혼은 이승과 저승 사이에 갇히게 된다. 저승으로 넘어가야 환생할 수 있는데 그러질 못하니 귀신은 살아 있는 사람의 육신을 호시탐탐 노리게 된다. 쉽게 육신을 가지는 방법이기 때문이다.

마음이 힘든 사람들이 육체적 질병이 있는 사람에 비해 빙의될 가능성이 크다. 마음이 육체를 지배하는데, 마음이 무너지면 귀신이 신체의 여러 귀문을 통해 들어오기 쉽기 때문이다.

010

나는 심리적, 정서적으로 힘든 사람들에게 글쓰기, 책 쓰기를 해보라고 조언한다. 글쓰기를 하노라면 부정적인 기억만 곱씹는 데서 벗어날 수 있기 때문이다. 인생 스토리를 글로 쓰다 보면 시련이라고 여겼던 일들을 통해 어떤 지혜와 깨달음을 얻었는지 새삼 느끼게 된다. 삶이라는 것이 시련의 연속이며, 그 과정에서 삶의 지혜를 배우고 깨달음을 얻는 것임을 알게 되는 것이다.

011

죽음이 임박한 사람들은 더는 고통을 느끼지 않는다. 어찌 보면 고통을 초월했다고 보는 게 옳을 듯하다. 죽음이 임박하면 영혼과 육체는 조금씩 분리되고, 그런 탓에 고통을 느끼지 못하거나, 덜 느끼는 것이다. 육체가 더는 영혼에 어떤 영향도 미칠 수 없기 때문이다. 창조주는 우리의 영혼이 죽음의 순간에 고통을 느끼지 않도록 설계해놓으신 것이다.

012

죽음을 앞둔 사람들 대부분은 죽음 직전 갑자기 기운이 왕성해지기도 한다. 조금 전까지만 해도 기운이 하나도 없어서 곧 돌아가실 것 같던 분이 막 잠에서 깬 듯한 맑은 얼굴로 가족들에게 덕담을 건네거나 옛날이야기를 하기도 한다. 이때 많은 분이 이제 다시 건강해지시려나 보다, 기대하기도 한다. 하지만 이는 죽음으로써 영혼이 육신을 빠져나가게 되면 더는 인간의 모습으로는 소통할 수 없는 까닭에 창조주께서 마지막으로 가족들과 인사를 나눌 시간을 부여하는 것이다. 이 시간을 잘 보내야 함은 당연지사다.

013

　우리가 생을 마치고 사후세계로 넘어가는 시간은 미리 계획되어 있다. 따라서 모든 사람은 자신이 언제 죽을지 알고 있다. 사후세계에서 지상계에 내려오기 전에 미리 어떤 경험을 할 것인지, 그리고 언제 퇴장할 것인지 계획하고 서약하고 내려오기 때문이다. 다만 삶을 사는 동안 사람에 따라 여러 차례 죽음의 시기가 바뀔 수도 있다. 원래는 80세까지 살아야 할 사람이 경제적으로 너무 힘든 나머지 충동을 이기지 못하고 자살하거나, 암과 같은 병을 신념의 힘으로 싸워 이겨내는 예 등이 그럴 수 있다.

014

우리가 세상을 떠나는 방식도 사람마다 다르다. 어떤 사람은 교통사고로 갑작스레 세상을 떠나기도 하고, 또 어떤 사람은 직장 일을 하다가 재해로 목숨을 잃기도 한다. 이외에도 병으로 죽거나 타인에 의해 목숨을 잃기도 한다. 어떤 과정을 통해 죽든 간에 죽으면 영혼은 육신에서 분리된다. 육신은 영혼이 지상계의 인간으로 존재하는 동안 타고 다니는 '탈것'에 지나지 않는다. 우리는 타고 다니던 자동차가 연식이 오래되고 노후해 더는 타고 다닐 수 없게 되면 폐차한다. 그러곤 새로운 자동차로 갈아타는데, 우리의 몸도 이와 별반 다르지 않다. 지금의 육신을 벗고 새로운 육신을 얻기 위해 사후세계로 넘어가는 것이다.

015

우리는 죽으면 어떤 일들이 일어나는지 알지 못한다. 그 바람에 죽음을 두려워하게 된다. 우리가 죽으면 영혼은 자신을 오랫동안 속박해온 몸으로부터 해방된 탓에 진정한 자유를 느낀다. 살아 있을 때와 비슷한 감각을 느낀다. 정확하게 말하면 더 예민하게 느낀다. 마치 장갑을 끼고 있다 벗고 물건을 다루는 것처럼 더 생생하게 느낄 수 있다. 지상계의 시간으로 죽은 지 2, 3일 정도 지났다면 영혼은 기절한 상태라고 보면 된다. 지상계에서 영계와 지상계의 사이에 있는 차원에 들어서는 과정에서 충격을 받아 잠들어 있다고 보면 된다. 그래서 아직 자신이 죽었다는 것을 인지하지 못한다.

016

우리가 현생을 살 때 죽음 이후의 세계를 공부해야 하는 이유다. 그러지 않으면 자신이 죽은 후에도 죽었다는 것을 인지하지 못하는 상황에 직면할 수 있다. 많은 시간을 인간으로 착각하면서 지상계도, 영계도 아닌 중간 차원에서 떠도는 영혼이 되는 것이다.

어쩌면 이보다 더 불행한 영혼도 없지 싶다. 우리는 죽음 이후 영계로 넘어가 각자의 삶을 사는 동안 지은 카르마와 배움과 성장에 걸맞은 과정을 밟아야 하는데, 그러지 못하기 때문이다.

어떤 영혼은 여러 번의 윤회를 통해 카르마를 소멸시키고 배움을 통해 성장해나간다. 하지만 어떤 영혼은 수십 년에서 수백 년 동안 유령 신세를 면하지 못하고 떠돌게 된다.

사람이 죽음을 맞으면 영혼과 육체를 연결하고 있는 은빛 줄이 끊어진다. 은빛 줄은 엄청난 속도로 진동하는 미립자들의 덩어리다. 은빛 줄은 마치 엄마와 배 속의 아기를 연결하고 있는 탯줄과 같은 것이다. 아기를 출산하면 가위로 탯줄을 자르듯이 영혼이 육체를 빠져나오면 은빛 줄 역시 끊어지게 된다. 이때부터 육체는 부패하기 시작한다.

이렇게 은빛 줄이 완전히 끊어지기까지는 3일 정도가 소요된다. 영혼은 3일 동안 시신 곁에 머물러 있게 되는 셈이다. 인간의 영혼은 죽음 이후에도 영계로 바로 떠나지 않는 것이다.

018

이때 영혼들 가운데는 자신이 아직도 살아 있다고 착각하는 영혼도 있다. 죽음 이후에도 여전히 생각하고 기억할 수 있을뿐더러 냄새를 맡고, 말할 수 있기 때문이다. 즉, 인간으로 살 때 지녔던 오감이 그대로 살아 있기 때문이다. 오히려 더 생생한 느낌이 든다. 그래서 자신이 죽었다는 걸 믿지 않는 것이다. 이때 인도령이 개입해 이젠 인간의 몸 안으로 들어갈 수 없다는 것과 다른 차원으로 넘어가야 한다는 사실을 알려준다.

019

영혼이 다른 차원으로 가지 않겠다고 고집을 피울 땐 인도령일지라도 할 수 있는 게 없다. 모든 영혼에는 창조주로부터 부여받은 자유의지가 있기 때문이다. 이때 인도령은 인내심을 가지고 연옥으로 넘어가는 시간이 정해져 있다고 영혼을 설득한다. 지금 가지 않으면 통로가 막혀서 갈 수 없게 된다고 설명한다. 그래도 연옥으로 넘어가지 않으려 하는 영혼들이 있다. 그들은 시신이 있는 장소를 떠나지 못하는 지박령이 된다.

020

두 번째 바르도에서도 사자는 자신이 죽었음에도 여전히 살과 뼈를 지닌 육체를 갖고 있다는 착각에 빠질 가능성이 크고 이런 착각을 불교 용어로는 '미망'이라고 한다. 그러나 자신이 실제로는 그런 몸을 갖고 있지 않다는 것을 깨닫는 순간, 사자는 육체를 소유하려는 강렬한 욕망을 가지게 된다. 그리하여 그는 몸을 찾게 되고, 환생의 길을 찾는 세 번째 바르도에 들어가게 된다고 한다. 이후 마침내 그는 자신의 카르마가 선호하는 결정에 따라 이 세상이나 다른 어떤 세상에 환생하고, 그것으로 사후세계는 끝난다는 것이다.

021

　지상에서의 우리 삶은 하루살이와 같은 찰나의 순간에 불과하지만, 사후세계에서의 삶은 영원하다시피 하기 때문이다. 사후세계가 두렵다고 해서 회피한다면 역시 두려움 때문에 이번 생에 집중할 수 없게 된다. 사후세계를 제대로 이해하고 받아들인다면 현생에서 겪는 힘든 일들이 무엇 때문인지 그 이유를 깨닫게 된다. 그리고 이는 진정한 용기로 이어져 어떤 시련을 만나더라도 불굴의 의지로 극복하게 된다.

022

연옥을 거치는 영혼 중에도 선한 영혼들이 있다. 이들은 생전 내세 공부를 전혀 하지 않았거나 죽으면 곧장 천국이나 극락으로 간다고 믿었던 영혼들이다. 이들은 연옥에서 전생의 삶을 돌아보며 지상에서 살 때 가졌던 생각과 믿음이 그릇되었다는 것을 깨닫게 된다. 이와 더불어 영혼의 정화와 치유 과정이 진행된다. 그리고 그 과정을 마친 후 영혼은 영계로 넘어갈 준비를 하게 된다.

2장

사후세계는
정말 존재하는가?

023

아직도 사후세계가 없다고 말하는 사람들이 있다. 나는 이런 사람들을 보면 답답함을 넘어 안타까운 마음이 앞선다. 사후세계가 없다고 말하는 건 눈에 보이지 않는 공기가 존재하지 않는다고 말하는 것과 다름없다. 우리는 공기가 없는 곳에서는 살 수 없다. 그렇다면 눈에 보이지는 않아도 공기가 존재한다는 뜻이다. 마찬가지로 이번 생이 있으면 다음 생이 있고, 그다음 생이 있게 마련이다. 이를 불교 용어로 '윤회'라고 일컫는다.

024

나는 지금까지 수차례 사후세계를 체험했다. 사후세계를 체험했다는 사람들 대부분은 교통사고나 불치병에 걸려 죽음을 앞둔 직전에 임사체험을 한 사람들이다. 이외에 잠자는 중에 사후세계를 경험하기도 한다.

025

남자는 자신도 이해가 안 된다는 투로 말했다. 그러면서 내게 다시 표를 건넸다. 나와 같이 서 있던 사람들은 하나둘씩 입구를 통과하고 있었다. 그때 나는 왠지 모르게 다소간 안심이 되었다. 나는 근처를 둘러봤다. 작은 가게들이 몇 군데 있었다. 그중 파라솔을 펴놓고 소시지를 파는 가게가 있었다. 그곳에 젊은 여자 3명이 있었는데, 나는 그들에게 방금 입구에서 있었던 일을 설명해주었다. 그리고 내가 갖고 있던 표를 보여주었다. 그러자 한 여자가 표가 좀 이상하다는 것이었다. 옆에 있던 여자들도 같은 말을 했다.

026

꿈꾸고 있던 당시 나는 내가 직접 보고 온 그곳이 죽은 지 얼마 안 되는 영혼들이 이승에서 사후세계로 건너가는 입구 앞이었다는 걸 알지 못했다. 하지만 내가 그때 그 입구를 다른 영혼들처럼 통과했다면, 나는 죽었을지 모른다. 심장마비나 교통사고 등으로 갑자기 세상을 떠났을 것이다. 우리가 사는 지구라는 물질세계는 영적인 세계에 둘러싸여 있다. 그러므로 영적 세계에서 겪는 일들은 이 세계에 반영되게 되어 있다.

027

나는 사후세계가 반드시 존재한다고 믿는다. 사실 사후세계를 믿고 안 믿고가 중요한 건 아니다. 가장 중요한 건 우리가 이번 생에 어떤 것을 배우고, 깨닫는가다. 우리는 영혼의 진보, 영혼의 성장을 위해 이번 생을 사는 것이다.

2000년 전 스승 예수께서는 "항상 깨어 있으라!"라고 말했다. 자신이 이번 생에 무엇을 성취하러 왔는지 항상 기억하고 이루라는 뜻이다. 영적으로 깨어 있지 않은 자는 반은 죽은 자와 같다는 걸 잊어선 안 된다.

028

세상에는 교통사고나 갑작스러운 심장마비로 인해 사후세계를 경험한 사람들이 많다. 이들은 의학적으로는 사망한 상태에서 자신의 육체는 물론 주변에서 일어나는 일들을 볼 수 있었다고 증언했다. 이것을 우리는 '임사체험'이라고 한다. 임사체험은 죽은 상태에서 영혼이 죽음 이후의 새로운 세계, 즉 사후세계를 경험하는 것을 의미한다.

029

사실 임사체험을 한 사람들의 말을 보통 사람들은 잘 믿지 않는다. 직접 체험해보지 않은 사람에게 눈에 보이지 않는 세계를 이해시키는 일은 거의 불가능하다. 하지만 앞서 말했다시피 임사체험을 한 사람들이 헤아릴 수 없이 많다는 건 사실이다. 그들이 말하는 내용 가운데 공통부분만 따져봐도 분명 그러한 세계가 존재해서 체험 또한 있는 것이라 믿게 된다.

030

사람이 죽는다고 영혼이 사라지는 건 아니다. 오히려 영혼은 갑갑한 육체를 벗어나 자유롭게 된다. 영혼의 관점에서 보면 육신은 인간의 삶을 영위하기 위한 하나의 이동 수단인 '탈것', '기계'에 지나지 않는다. 이 이동 수단이 망가져 버리면 영혼은 자연스레 육신을 벗어나게 되는 것이다. 이때 말로 표현할 수 없을 정도의 편안함과 자유를 느끼게 된다.

031

사후세계를 믿지 않는 사람에겐 어떠한 과학적 증거를 들이대도 통하지 않는다. 그들은 임사체험자들의 말을 단순히 뇌 안에서 일어나는 어떤 현상일 뿐이라고 말한다. 그나마 다행인 것은 차츰 의식 세계, 영혼 세계에 눈뜨는 사람들이 늘고 있다는 점이다. 그들 역시 처음에는 전생이니, 윤회니 하는 걸 '개가 풀 뜯어 먹는 소리' 정도로 치부했던 사람들이다. 그러던 그들이 어떤 일을 계기로 영적 세계에 시선을 돌리게 되고 사후 생이 존재한다는 것을 믿게 된 것이다.

032

　전생이 있었기 때문에 현생이 있을 수 있다. 이번 생을 마치면 우리는 그동안 그래왔던 것처럼 본향인 영계로 돌아가게 된다. 그곳에서 우리는 많은 시간을 보내며 영적인 성장과 진보를 이루기 위해 다음 생을 계획할 것이다.

033

나는 그녀의 진솔한 말에 크게 감동했다. 한 시간 동안 상담하면서 나는 그녀의 말에 귀 기울이며 이렇게 말해주었다.

"시련은 변형된 축복입니다. 이제부터라도 더는 자격증을 공부하거나 취득하려 노력하지 마세요. 본인의 내면에는 그동안 살면서 알게 된 지식과 경험, 깨달음, 노하우라는 구슬이 서 말이나 있습니다. 이제 서 말이나 되는 그 구슬들을 꿰어서 보배가 될 수 있도록 도와드리겠습니다."

034

카르마 법칙은 인간들이 하느님에게 덮어씌운 오명(汚名), 그러니까 하느님이 사람을 차별해 누구는 머리를 좋게, 누구는 머리를 나쁘게 만드셨다는 오명을 벗겨준다고 한다. 동시에 인간 세상의 명백한 차별과 불평등의 까닭을 설명해준다. 그리고 모든 사람에게 희망을 준다. 누군가가 죄인이 된 이유는 부모로부터 나쁜 성향을 물려받아서가 아니라 본인이 과거의 생에 지은 죄로 인해 좋지 않은 부모를 스스로 선택한 까닭인 것이다.

035

영계에 있을 때 영혼들은 이승이 얼마나 힘든 곳인지 잘 안다. 그래서 환생하는 걸 극도로 두려워한다. 전생에 겪은 것과 같은 고통을 다시 겪는 힘든 경험을 해야 하기 때문이다. 우리가 살면서 신성과 의식의 성장에 힘쓰고 많은 지혜를 배운다면 천천히 이승에 환생하게 된다.

036

　많은 사람이 자연사하면 천국 같은 좋은 곳에 가지만, 자살하면 지옥에 간다고 믿는다. 이런 믿음을 가진 사람 중엔 특히 기독교인들이 많다. 교회, 성당에서 목사와 신부로부터 그런 말을 들었기 때문이다. 하지만 종교가 일러주는 내용과 실제 사후세계를 체험한 사람들, 그리고 이전에 세상을 떠난 영혼들과 교신하며 알게 된 사실은 실제와 너무나 상반된다. 제대로 영성과 사후세계를 공부한 사람들은 자살해도 지옥에 가지 않는다는 걸 잘 알고 있다. 우리를 창조한 창조주께서 우리를 벌하기 위해 자유의지를 주신 것은 아니기 때문이다.

037

사람들이 자살로 생을 마감했어도 그들의 영혼이 강력한 치유자들의 인도와 도움을 통해 자신의 삶을 돌아보고 삶에 복귀할 수 있도록 도움을 받는다는 사실은 안도감을 준다고 이어서 설명하고 있다.

"우리는 모두 자신이 다음 생에 어떤 삶을 살지 선택할 수 있다. 하지만 스스로 목숨을 마감한 이들은 특정한 교훈을 깨우쳐야 하는 만큼 선택의 폭이 좁아진다. 영혼들은 이 교훈을 깨우쳐주는 대상으로 어떤 가족 구성원이 가장 적합할지 인도령들의 조언을 받는다."

038

이번 생에서 자살할 계획이 없었는데 스스로 목숨을 끊으면 영혼은 복잡한 과정을 거치게 된다. 먼저 자살하게 된 원인이 있을 것이다. 그 원인은 자살한 영혼에 고통과 상처를 남겼을 테고. 자살한 영혼은 사후세계에서 여러 치유 과정을 거치게 된다. 그리고 전생을 돌아보게 되는데 자연사한 영혼들과는 비교할 수 없는 슬픔과 미련, 후회, 고통을 느끼게 된다.

039

　모든 영혼은 다양한 체험을 통해 영적 성장과 진보를 이루려
고 환생한다. 그런데 자살하면 삶에서 배울 수 있는 게 거의 없
다. 그래서 충동을 이기지 못하고 스스로 목숨을 끊은 걸 크게
후회하게 된다.

040

삶이 고통스럽다고 해서 자살해선 안 된다. 자살은 생각조차도 해선 안 된다고 말하고 싶다. 스스로 목숨을 끊으면 사후세계에서 오랜 시간 지상계의 삶과는 비교할 수 없는 외롭고 고통스러운 시간을 보내야 한다. 특히 자연사한 영혼은 지상계의 시간으로 따진다면 100년에서 150년 정도 시간을 보낸 후 환생하지만, 자살한 영혼엔 휴식 시간이 주어지지 않는다. 짧으면 몇개월, 길어도 몇 년 안에 환생하게 된다. 이것이 영계의 시스템이다.

041

나는 지금 힘든 시기를 보내고 있는 사람들의 절박한 마음을 잘 알고 있다. 나의 지식과 경험, 깨달음, 노하우가 그들에게 미약하나마 위안과 평화, 삶의 희망을 가져다주었으면 하는 바람에서 이 책을 쓰고 있다.

우리는 모두 사후세계에서 이번 생을 계획하고 왔다. 각자 이번 생에서 무엇을 배우고 성취하기로 했는지 생각해보는 시간을 가진다면 삶의 무게가 좀 더 가벼워지지 않을까 싶다.

042

죽음 이후의 세계는 정신의 세계, 즉 영성의 세계다. 그래서 이번 생이 처음이자 마지막이라고 믿는 보통 사람에게 죽음 이후에 일어나는 일들을 설명하거나 이해시키기는 너무나 힘들다. 아니 불가능하다고 말하는 게 정확할 것이다.

육신의 옷을 입고 있는 인간으로 사는 지금, 죽음 이후의 세계에 대해 알고자 한다면 영성의 눈이 뜨이거나 영안이 열려야 가능하다.

043

    스베덴보리는 사후세계에서 세상에서 예기치 않은 집단적 재난을 당해 정령계로 넘어온 일가족을 만난 일이 있다. 이럴 때 그 가족은 얼굴 모습이 비슷하다고 한다. 가족은 정령계에서 한 곳에 모여 지내는 편인데, 한눈에 지상계에서 가족이었음을 알 수 있다는 것이다. 하지만 한 가족도 정령계에서 시간을 보내며 서서히 얼굴 모양에 변화가 생기게 된다. 또한, 가족들은 모두 같은 곳으로 가는 게 아니라 각자 다른 곳으로 흩어진다고 한다.

044

인간으로 살 때 조화롭지 못했던 가족은 사후세계에선 함께 하지 못한다. 정령계와 영계, 즉 영적 세계는 조화의 법칙에 지배받는다. 같은 기질의 영혼들끼리 어울리게 되는 것이다. 따라서 부부간에, 부모와 자식 간에 조화롭지 못하다면 사후의 다른 세계에서 다시 만날 일은 없다.

스베덴보리는 지상계와 마찬가지로 영계에도 무수히 많은 단체가 있다고 말한다. 어떻게 보면 영계에서의 삶이 지상계에서의 삶보다 더 바쁘다고 한다.

045

이 세상에서는 아무리 꼴 보기 싫고 죽도록 미운 사람일지라도 억지로 참으며 관계를 이어가야 한다. 하지만 영적 세계에서는 그렇지 않다. 서로 조화되지 않는 존재들끼리 함께하는 일은 없다. 지금의 가족 중 서로 맞지 않고 상처를 주는 사람이 있다면 사후세계에선 함께하지 않게 될 것이다.

046

"돌아가신 어머니를 위해 기도하면 도움이 되나요?"

"작년에 아버지께서 자살하셨는데 매일 드리는 기도가 도움이 될까요?"

나에게 이렇게 물어보는 사람들이 있다. 이 질문에 대한 답은 도움이 될 수도 있고, 안 될 수도 있다는 것이다. 조금 더 쉽게 설명하자면 돌아가신 분이 생전에 영성과 사후세계를 공부했는지, 어떤 업보를 지었는지, 세상을 떠날 때 어떤 모습이었는지에 따라 기도의 효과가 다르다는 말이다.

047

사람이 죽으면 영혼은 자신의 육체에서 3일 정도 시간을 보낸다. 그리고 인도령의 도움을 받아 정령계로 떠날 준비를 한다. 그런데 생전에 너무나 나쁜 죄를 많이 지었다면 저승에 가 염라대왕 앞에서 심판받고 지옥에 떨어지지 않을까 걱정한다. 그래서 너무나 두려운 나머지 저승으로 가는 발길이 떨어지지 않는다. 결국은 가지 않고 만다. 이외에도 이승에 대한 미련이 많은 영혼, 억울하게 죽은 영혼은 이곳을 떠나지 못한다.

048

　많은 사람이 마음을 모아 죽은 사람을 추모하면 그 사람의 영혼에 좋은 영향을 줄 수 있다. 죽은 후 영혼은 불안감과 두려움에 휩싸이게 된다. 이때 진심이 담긴 많은 사람의 추모는 영혼에 사랑과 안정감, 평화의 기운을 가져다주게 된다. 이는 죽은 사람의 나쁜 기운을 어느 정도 소멸시켜줄 수 있다. 그러면 죽은 사람은 훨씬 가벼운 마음으로 사후세계로 건너갈 수 있다. 그러지 않고 죽은 사람이 안 좋은 기운을 계속 갖고 있으면 사후세계로 건너가지 못하게 된다.

049

가족과 친지들, 친구들, 그 외 많은 사람이 그를 위해 기도하면 그 기운이 사자에게 전달된다. 그들의 마음과 좋은 에너지가 사자에게 가닿는 것이다. 무거웠던 마음이 좀 더 가벼워져 뒤를 돌아보는 횟수가 줄어들게 되는 것이다. 49재와 천도재를 지내는 이유가 이와 같다고 보면 된다. 사자의 힘든 마음을 달래 좋은 곳으로 갈 수 있도록 하는 것이다.

050

어떤 영혼은 죽은 후 곧장 사후세계가 아닌 저급한 차원으로 떠나게 된다. 지상계에 있는 인간이 죽은 사람을 위해 기도하는 경우, 기도의 효과를 가장 크게 볼 수 있는 때는 아직 사후세계로 넘어가지 않았을 때다. 그런데 영혼이 지옥과 같은 저급한 차원으로 간 상태라면 기도의 효과는 나타나지 않는다.

051

우리가 사는 지상계뿐만 아니라 사후세계에서도 아무리 큰 잘못을 저지른 영혼이더라도 속죄의 기회는 주어진다. 어떤 영혼이 아무리 큰 죄를 지었다고 하더라도 자신이 저지른 잘못에 대해 속죄한다면 다시 인간으로 환생하는 기회를 부여받는다. 패자부활전이 가능하다는 뜻이다.

052

나는 돌아가신 분을 지나치게 애도하고 추모하는 사람들에게 이렇게 조언한다.

"돌아가신 분에 대한 과도한 애도와 추모는 그분을 더 힘들게 합니다. 저승에 가 있는 그분을 다시 이승으로 부르는 것과 같기 때문입니다. 살아 있는 사람과 죽은 사람 모두에게 좋지 않습니다."

053

　가족이나 친척, 지인 중 누군가가 세상을 떠났다면 그 슬픔과 고통은 이루 말할 수 없을 것이다. 종교를 믿거나 영성과 사후세계를 공부하는 사람 역시 마찬가지다. 죽음은 우리가 이 세상에서의 미션을 완수했을 때 찾아온다. 때론 예기치 않게 스스로 목숨을 해하는 자살과 같은 일이 일어나기도 한다. 이런 경우는 극히 드물지만 말이다. 대부분의 자살은 영계의 관점에서 볼 때 전생에 쌓은 카르마의 소멸을 위한 삶의 계획 중의 일부이기도 하다.

054

　많은 사람이 죽으면 소통하는 게 불가능하다고 생각한다. 눈으로 볼 수 있는 육신이 화장되어 사라졌기 때문에 그렇게 생각하는 것은 어쩌면 당연할 터. 하지만 영계의 법도를 알고 나면 이는 그릇된 생각이라는 걸 깨닫게 된다. 영혼에는 죽음이라는 게 없기 때문이다. 우리가 알고 있는 죽음 같은 것은 영혼에는 없다.

055

우리는 누군가와 전화나 카카오톡으로 대화할 때 상대가 잘 이해하지 못하면 답답함을 느낀다. 알려주고 싶은 메시지가 너무나 중요한 것이라면 만나서 이야기하자고도 한다. 이는 죽은 사람 역시 마찬가지다. 살아 있는 사람의 꿈을 통해, 또는 반복된 노래를 통해 메시지를 들려주었는데도 상대가 알아차리지 못하면 죽은 사람이더라도 너무나 답답할 건 인지상정. 답답함을 넘어 안타까움이 크기도 할 터. 다른 차원으로 옮아간 영혼은 미래에 어떤 일이 일어날지 알기 때문이다.

056

반려동물은 대체로 15년 정도의 삶을 산다. 그동안 주인에게 100% 의존한다. 주인이 출근하고 나면 반려동물 대부분은 주인이 올 때까지 아무것도 하지 않고 엎드려서 주인만을 기다린다. 온종일 주인 생각만 하면서 말이다. 그들에게 주인은 세상 전부이기 때문이다. 그러다 보니 반려동물과 이별하고 나면 후회가 파도처럼 밀려오게 마련이다.

057

    반려동물이 죽은 후 극심한 고통에 시달리는 이유는 사람과는 다른 반려동물의 특성 때문이다. 사람은 어릴 때는 부모의 도움을 받다가 때가 되면 독립한다. 그러나 반려동물은 나이를 먹어도 항상 주인만 바라보며 주인의 손길을 기다린다. 마치 엄마 없이는 생존하지 못하는 아기와 같다. 반려동물은 삶을 마칠 때까지 주인이 세심하게 돌봐줘야 하는 존재인 것이다. 그러면서도 주인이 힘들 때면 곁에서 묵묵히 이야기를 들어주고, 위로해 주고, 힘이 되어주는 친구이자 자식과 같은 존재다. 그 때문에 반려동물을 잃고 나서 깊은 상실감과 우울감에 빠지는 분들이 많다.

058

모든 생명체는 태어나 원래 있던 곳으로 돌아간다. 그러므로 반려동물이 눈에 보이지 않는다고 해서 영원히 사라진 건 아니다. 인간에게 영혼이 있는 것처럼 반려동물에게도 영혼이 있다. 우리가 자주 반려동물을 생각하며 그리워하듯 반려동물들도 우리와 함께한 추억을 떠올리고 반추한다. 우리와 다시 만날 날을 기다리면서.

059

그동안 반려동물이 내게 어떤 존재였는지 생각해본다. 그 아이가 지구상의 수많은 사람 중 왜 나에게 왔었는지를 생각해보는 것이다. 반려동물이 자신에게 어떤 의미였는지 하나하나 반추하다 보면 자신도 모르게 위로를 받게 된다. 그 아이를 위해서라도 그만 힘들어하고 열심히 살아야겠다는 의지가 생겨나기 시작한다.

060

반려동물은 우리를 위로하고 대가 없는 사랑이 무엇인지 알려주려 찾아온 천사 같은 존재다. 지금 반려동물이 눈앞에 보이지 않는다고 영원히 사라진 게 아니다. 반려동물에게도 우리 인간처럼 각자 맡은 사명이 있다. 이번 삶에서 다양한 체험을 하며 깨달음을 얻으려는 것 말이다. 영혼의 성장과 진보를 이루기 위해서. 반려동물 역시 지구별에 거듭 태어나며 윤회하는 이유다.

061

동물이 인간과 다른 점은 지금 현재에 집중한다는 것이다. 인간은 과거를 회상하면서 후회하거나 슬퍼하고 우울해하기도 한다. 하지만 동물은 절대 지나간 시간을 슬퍼하거나 내일을 생각하며 우울해하지 않는다. 반려동물의 영혼은 이번 생에 최선을 다해 살았기 때문에 이번 삶을 고집하지 않는 것이다. 무엇보다 본능적으로 자신이 윤회하는 영적 존재임을 자각하고 있다. 죽음을 감옥과 같은 육체에서 벗어나 영혼이 해방되어 자유를 얻는 거라고 여긴다. 무엇보다 죽음이 영혼의 성장 과정에 필수 불가결한 것임을 받아들인다.

062

반려견의 영혼은 아름다운 색채로 가득 차 있다. 빛의 에너지 그 자체라고 할 수 있다. 인간은 죽으면 영계에 들어가기 전 특정 과정을 거친다. 정령계, 연옥에서 얼마간 시간을 보낸 후 영계로 옮겨가게 된다. 하지만 반려동물은 죽으면 바로 동물들이 사는 천계로 향하게 된다. 그들의 영혼은 우리 인간과 비교할 수 없을 정도로 순수하기 때문이다.

063

동물들의 천국은 어디에 있는 걸까? 우리가 사는 지구 안의 다른 차원에 존재한다. 그곳은 지구의 자연 풍경과 똑같은 환경을 갖추고 있다. 반려동물들은 생전 자신이 가장 마음에 들어 했던 모습으로 지내게 된다. 지상의 삶을 사는 동안 육체에 장애가 있거나 몸이 아팠다고 하더라도 이곳에선 어떤 통증이나 고통도 느끼지 않는다. 우울함이나 슬픔도 찾아볼 수 없다.

064

반려동물이 죽었다고 해서 그 영혼이 어딘가로 사라지는 것은 아니다. 죽음으로써 반려동물의 모습이 보이지 않는다 해도 항상 주인과 함께한다는 것을 알아야 한다. 주인이 보내는 사랑의 파동을 그대로 느낀다는 것을 기억해야 한다. 너무나 보고 싶은 나머지 죽은 반려견을 자주 생각하거나 반려견의 이름을 부르면 실제로 반려견이 찾아온다.

065

반려동물의 최종목표는 인간으로 환생하는 것이다. 환생의 횟수나 인간에게 공헌한 바에 따라 인간으로 환생하는 시기가 빨라진다. 때론 반려동물 중 환생을 바라지 않기도 한다. 이때는 전생에서 쌓은 카르마와 특성 등을 고려해 천국의 천사가 되거나 지도령이 되기도 한다.

066

　반려동물은 인간에게 무조건적 사랑을 주기 위해 태어난 존재다. 그리고 너무나 복잡하고 슬픔과 고통이 넘쳐나는 지구 행성에서 인간과 친구로서 함께하기 위해 존재한다. 반려동물은 아낌없이 주는 사랑, 대가 없이 주는 사랑이 무엇인지 인간에게 일깨워주기 위해 온 존재라는 것을 기억해야 한다.

3장

환생하기 전,
영혼은 무엇을 할까?

067

"좋은 일도 많이 하고 기부도 자주 해야 좋은 카르마가 생겨나나요?"

"제가 자주 사람들에게 심한 말을 하는데 그게 나쁜 카르마를 낳나요?"

많은 사람이 '카르마(karma)'에 대해 제대로 모르는 듯하다. 의외로 자신이 남에게 말이나 행동으로 해를 끼치는 것 정도로만 생각한다. 물론 이것도 틀린 말은 아니다. 하지만 조금 더 정확하게 말하자면 우리의 생각과 말, 행동 모두가 카르마를 낳는다고 보면 된다.

카르마는 쉽게 말해 '인과의 법칙'이다. 우리가 사는 현생의 삶도, 지금 처한 상황들도 모두 사후세계에 있을 때 카르마에 의해 결정된 것들이다. 전생에서의 생각과 말, 행동이 좋은 카르마, 나쁜 카르마를 생겨나게 했고, 지금은 그 카르마로 인한 윤회의 쳇바퀴를 돌고 있는 셈이다.

069

모든 인간은 환생하기 전 사후세계에서 100년 정도의 시간을 보낸다. 사후세계에서 보내는 시간은 영혼마다 다르다. 전생에 다양한 체험을 통해 지성과 지혜를 체득했느냐에 따라 달라지기 때문이다. 그뿐만 아니라 전생에 자신이 했던 생각과 말과 행동이 선했는지, 악했는지에 따라 영혼 세계에 머무는 시간이 정해진다.

070

카르마는 사후세계에서의 영혼의 환생을 결정짓는다. 다음 생에서 체험해야 하는 것들도 카르마의 영향을 받는다. 지난 생에서 해결하지 못한 일들을 다음 생에서 풀어야 하기 때문이다. 마치 밀린 숙제를 하는 것과 같다. 카르마의 법칙은 너무나 정확해 결코 그냥 넘어가는 법이 없다.

071

롭상 람파는 많은 사람이 카르마에서 간과하고 있는 부분을 지적하고 있다. 어떤 사람의 삶이 너무나 비참하다고 해서 꼭 카르마 때문만은 아니라는 것이다. 그가 사후세계에 있을 때 지금의 삶을 계획했다는 것이다. 시련들을 통해 깨달음을 얻을 목적으로 말이다. 물론 사람들 대부분이 겪는 힘든 일들은 사후세계에 있을 때 필요에 따라 자청한 것들이다. 그건 영적 성장에 도움이 되는 일이기 때문이다

072

나는 사람들에게 우리가 겪는 모든 시련은 사후세계에서 계획한, 영적 진보를 위한 과정이라는 것을 알려주고 싶다. 시련을 겪는 과정엔 괴롭지만 극복하고 나면 자신이 한층 단단해지고 성장했음을 알게 된다. 시련이 없었다면 깨닫지 못했을 것들을 배우게 된다. 이것이 우리에게 시련이 필요한 이유다. 사후세계에서 우리가 자신의 시련을 계획했기 때문에 시련을 이겨낼 수 있는 열쇠도 우리 자신이 갖고 있다. 다만 사람들 대부분이 영성과 사후세계의 이치에 대해 알지 못하기 때문에 좌절하는 것이다. 나는 사람들이 시련이 변형된 축복임을 깨달았으면 좋겠다.

073

어떤 영혼이 살면서 힘든 순간마다 쉽게 좌절하고 포기했다면 별로 배운 게 없을 것이다. 젊은 나이에 힘든 시련을 만나 자살한 영혼은 이번 생에서 배워야 할 것을 제대로 배우지 못한 것, 창조주로부터 부여받은 생명을 쉽게 저버린 것에 대한 책임을 져야 한다. 좋게 말하면 책임이고 무섭게 말하면 영의 세계의 벌칙을 받아야 한다. 이들과 다르게 최선을 다해 삶을 살다가 자연사한 보통 영혼들은 100년 정도의 시간을 사후세계에서 보낸 후 다음 생을 부여받아 환생하게 된다.

074

　전생에 자신이 지은 카르마 때문에 지금 고통스럽게 사는 사람도 있을 수 있다. 반면 이번 생에서 어떤 깨달음을 얻기 위해 힘든 삶을 자청한 사람도 있을 수 있다. 어떤 사람이 지금 너무나 비참하게 산다고 해서 그 이유를 쉽게 단정 지어 생각해선 안 된다는 말이다. 아무도 그 이유를 미루어 알 수 없다. 지금과 같은 삶을 사는 이유는 당사자의 영혼과 그를 따라다니는 수호령만이 알 수 있는 부분이기 때문이다.

075

지금의 삶이 영계에서 영적 스승들과 수많은 토의를 통해 계획되었음을 알 수 있게 하는 대목이다. 이 말은 우리가 세상에 태어나 부모 형제, 친구, 직장 동료, 부부의 연을 맺는 게 결코 우연이 아니라는 뜻이다. 영혼이 인간으로 태어나는 가장 큰 이유는 영적 성장을 통한 영혼의 진보를 위해서다. 영혼의 진보가 이루어져야 의식이 성장해 차원 상승이 가능하기 때문이다. 그래서 생과 사를 도는 윤회를 거듭하는 것이다.

076

우리는 결핍과 고통이 없는 완벽한 조건 아래에서 살기를 원한다. 그 이유는 우리가 인간으로 태어나기 전 영계에서 가졌던 수많은 토의와 이번 생의 미션을 망각했기 때문이다. 그래서 인간적인 측면에서만 생각하는 것이다. 하지만 더는 노력할 필요가 없는 환경이라면 우리는 거기에서 그 어떤 성장이나 깨달음, 지혜를 얻을 수 없다.

077

모든 영혼 각자에게는 이번 생이 완벽한 조건일 때보다는 최악의 조건일 때 영적 성장에 훨씬 도움이 된다. 여러 시련을 극복해가는 과정에서 많은 것들을 배울 수 있기 때문이다. 힘든 환경은 영혼이 이번 생에서 배우기로 한 것들을 더 잘 배울 수 있는 최적의 환경이다.

078

누군가가 지금 극심한 빈곤에 시달리거나 질병으로 인해 육체적 고통을 받고 있을지라도 쉽게 그의 삶을 이러쿵저러쿵 판단해선 안 된다. 우리를 만드신 창조주께서도 그들을 판단하지 않기 때문이다. 우리는 창조주께서 우리에게 주신 삶을 살고 있을 뿐이다.

079

우리는 환생하기 전에 있었던 사후세계에서 얼마간의 시간을 보내게 된다. 이곳에서 인간으로서 지상계에서 사는 동안 입은 상처와 고통을 치유하는 과정을 겪게 된다. 치유 과정은 영혼마다 다르다. 어떤 영혼은 단기간에 치유되는 반면 또 다른 영혼은 좀 더 긴 시간 동안의 치유 과정을 겪는다. 이는 각자 사는 동안의 삶의 체험이 다르기 때문이다.

080

우리가 육신의 몸을 입고 지구에 태어난 이유는 배우기 위해 서다. 영계에선 모든 게 완벽하다. 생각만 하면 원하는 것들이 뚝딱 생겨난다. 그래서 자신이 그동안 배운 것들을 직접 테스트 해볼 기회가 없다. 그러나 물질세계인 지상계는 다르다. 자신이 알고 있는 걸 생각한다고 해서 바로 이루어지거나 물질화하지 않는다. 상상과 상태, 감정이 일치되어야 하고 믿음이 수반되어야 한다. 그래서 영혼들은 이러한 과정을 직접 체험하기 위해 지상에 내려오는 것이다.

081

인간은 영혼의 성장을 이루기 위해 끊임없이 거듭 태어난다. 물론 환생하기 전 전생의 카르마를 청산하기 위해 어떤 국가와 인종, 어떤 부모, 형제, 장소를 선택할지 고려한 후 다음 생을 결정한다. 영혼들은 대부분 과거 자신이 싫어했던 국가와 인종, 성향의 사람으로 태어난다. 그렇게 할 때 자신의 성품을 한 단계 높은 수준으로 끌어올릴 수 있기 때문이다.

082

많은 사람이 지금의 삶이 마음에 들지 않는다고 말한다. 내 생각엔 이들이 사후세계에서 지금의 삶을 계획한 목적을 깨닫지 못했기 때문인 듯하다. 지금 자신에게 닥친 시련을 시련으로만 받아들인다면 고통으로 느껴질 수밖에 없다. 반면에 시련을 전생에서 해결하지 못한 숙제로 여긴다면 관점이 완전히 달라진다. 힘들어도, 고통스러워도 극복하려는 의지가 샘솟게 된다. 이번 생에서 극복하지 못하면 다음 생에서 또다시 밀린 숙제를 해야 한다는 걸 알기 때문이다.

083

우리는 사후세계에서 삶을 계획하고 태어난다. 이 사실을 망각한다면 현생이 전생과 다를 바 없게 된다. 우리는 전생에서 배우지 못한 것들은 이번 생에서 배워야 한다. 그러지 않고선 결코 영혼의 성장을 이룰 수 없다. 그래서 나는 힘들게 사는 사람들이 조언을 구하러 나를 찾아올 때면 지금의 시련을 통해 배우고, 깨달아야 한다고 말해준다. 모든 시련은 변형된 축복이기 때문이다.

084

만약 어떤 여인의 존재 자체가 고결한 영혼의 소유자고 다른 고결한 영혼을 그녀의 육체적 자녀로 기를 만한 자격을 갖추고 있다고 하자. 그러면 그녀는 육체적 쾌락만을 생각하는 사람보다 높은 수준의 우선권을 가지게 된다고 한다. 이 우수한 영혼들을 위한 등급별 분류 시스템이 이곳에서 작동되고, 그 결과 자격을 인정받은 영혼들은 누가 육체적 부모의 요구와 자신의 목적을 완수하는 데 가장 적격인지 결정하는 시험 기간을 거치게 된다는 것이다.

085

우리는 죽기 전에 자신이 언제 죽을지 안다. 사후세계에서 이번 생을 계획할 때 자신이 어떤 체험을 할 것인지, 어떤 교훈을 얻을 것인지, 그리고 언제 죽음이라는 과정을 통해 지상계를 떠날 것인지 세세하게 계획해두었기 때문이다. 살면서 놓이게 되는 아주 사소한 상황이나 환경들까지 거의 전부 자청해 경험하기로 동의한 것이다.

086

수명은 사람마다 다 다르다. 어떤 사람은 아주 건강하게 장
수하고, 또 다른 사람은 아주 어린 나이에 불의의 사고나 불치
병으로 세상을 떠난다. 수명의 길고 짧은 면만 보고서 판단한다
면 오래 산 사람은 행복한 죽음을 맞고, 짧게 산 사람은 불행한
죽음을 맞은 것처럼 비칠 수 있다. 하지만 영계의 법도를 안다면
절대 그렇지 않다는 걸 이해하게 된다. 모든 영혼은 인간의 삶
을 살기 전에 스스로 자신의 수명을 정하기 때문이다. 무엇을 배
우고 어떤 교훈을 얻을 것인지 스스로 인간의 삶을 사는 동안의
수명을 선택하는 것이다.

087

이번 생을 살면서 하나의 교훈을 완벽하게 습득했다고 판단하는 순간 죽음이 찾아온다. 지구 행성에서 사는 모든 사람은 저마다 자신의 영적 성장에 필요한 배움을 위해 환생한 것이다.

그래서 자신에게 필요한 배움을 마치면 최대한 빨리 지구를 떠나려 한다. 배움에는 최적화된 환경이지만 지구는 영혼에게는 너무나 힘든 곳이기 때문이다.

088

우리는 영적인 성장을 위해 끊임없이 배워나가는 영적인 존재다. 나와 다른 사람들이 하나라고 인식하기보단 너와 나라는 이분법적 사고로 생각하고 판단한다. 그러다 보니 이타심보다는 이기심이 더 크다. 사람들을 해치거나 폭력을 행사하는 일들은 이기심 때문에 벌어진다. 전생에 다른 사람에게 상처와 고통을 준 사람은 다음 생에 반드시 그에게 보상해야 한다. 상대에게 다양한 방식으로 보상하거나 상대에게 가했던 그대로 돌려받게된다. 그래야 전생의 상대와 자신의 에너지 균형을 맞출 수 있다. 이 과정에서 우리의 카르마가 소멸한다.

089

우리는 지구에서 100년 가까운 삶을 산다. 이 시간은 결코 짧은 시간이 아니다. 영혼이 전생의 카르마를 소멸시키고 성장을 끌어낼 수 있는 너무나 중요한 기회의 시간이다. 어떤 사람은 짧은 삶을 사는 동안 이번 생에서 배우기로 한 교훈을 완벽하게 습득할 수 있다. 하지만 어떤 사람은 70, 80세 정도의 긴 인생을 살아야 자신이 배워야 할 교훈을 습득할 수 있다. 그러다 보니 사람마다 수명이 다른 것이다.

090

마지막으로 남들보다 더 오래 산다고 해서 영계에 갔을 때 더 큰 보상이 주어지는 것은 아니다. 반면에 짧은 생을 살았다고 해서 불이익을 당하는 것도 아니다. 각자 자신이 정한 수명만큼 살다가 영계로 넘어가 새로운 삶을 선택하는 기회를 얻는 것일 뿐이다.

091

어떤 아이는 태어나자마자 부모에게 버림받곤 다른 부모에게 입양되기도 한다. 이런 삶도 이미 사후세계에서 자신이 선택한 삶이다. 이번 삶에서 배워야 할 부분이 그런 과정에 들어 있기 때문이다. 영혼이 지상으로 내려오는 목적은 다양한 체험을 통해 의식 상승, 영적 성장을 이루기 위해서다. 다만 영혼이 환생하면 사후세계에서 스스로 계획했던 부분을 기억하지 못하게 될 뿐이다.

092

그동안 우리는 영혼의 성장을 위해 수많은 전생을 살았다. 하지만 현생을 사는 지금 우리에게는 전생에 대한 기억이 전혀 없다. 우리가 영계에서 다음 생을 계획할 때 전생에 지은 카르마 빚을 최대한 빨리 소멸시킬 수 있는 길을 선택했다는 걸 기억하지 못하는 것이다. 사후세계에 있을 때 영혼들은 육체적 장애가 크면 클수록 카르마 빚을 빨리 청산할 수 있다는 걸 잘 안다. 그래서 환생 이후 지상의 삶이 힘들고 고통스러울지라도 카르마를 소멸시키려고 일부러 장애를 안고 태어나는 것이다.

093

우리는 아직 미성숙한 영적 존재들이다. 영적 부분만 본다면 완벽하지만, 우리 스스로가 완벽하지 않다고 여겨 미성숙할 수밖에 없는 것이다. 그래서 의식을 저차원에서 고차원으로 상승시키고 영적 본성을 자각하려고 반복적으로 지구에 윤회하는 것이다. 지구라는 지상계에서 살아가는 인간의 삶은 너무나 복잡하고 고통스럽기만 하다. 이런 와중에 지구에서의 체험은 영혼들에게 영적으로 성장하는 기회를 제공한다. 우리가 반복해서 윤회하는 이유다.

094

세상에는 전생이 있다고 믿을 수밖에 없는 증거들이 너무나 많다. 전생이 있다, 없다 논쟁하는 건 무의미하다고 생각한다. 중요한 건 현생을 얼마나 의미 있게 사느냐는 것이다. 비록 힘든 환경에 놓여 있더라도 불굴의 의지를 갖고 그곳을 벗어나려 노력하는 사람들이 있다. 이런 사람들은 자신이 이번 생에서 배우기로 한 부분을 성실히 배워나가고 있는 셈이다. 반면 자신이 놓여 있는 환경을 불평만 하는 사람들은 이번 생에서 전생을 사는 사람들이라고 보면 된다.

095

세상 사람 중 환생을 믿는 사람도 있고 그렇지 않은 사람도 있다. 눈에 보이지 않는다고 해서 공기가 없다고 생각하는 사람은 없다. 마찬가지로 우리가 지난 생을 기억해낼 수 없다고 해서 전생이 없다고 생각해선 안 된다. 이번 생을 살 수 있는 건 전생이 있었기 때문이다.

096

우주에 존재하는 모든 것들은 윤회한다. 인간과 동물은 물론 파충류와 곤충, 나무와 식물도 윤회한다. 심지어 물과 쇠붙이도 윤회하고 있다. 탄생이 있으면 소멸, 즉 죽음이 있을뿐더러 또 다른 탄생과 죽음이 뒤이어진다. 그렇게 돌고 도는 것이다. 그 과정에서 각자 성취하고자 하는 바를 이루게 된다. 그리고 궁극적으로는 고차원의 세계로 들어가게 된다.

097

죽음을 두려워하거나 환생을 부정하는 사람들은 환생이라는 시스템이 우리에게 주는 의미를 알지 못한다. 환생은 신의 선물이다. 우리에게 새로운 삶을 체험하게 해주기 때문이다. 전생에서 하지 못했던 일, 후회되는 일, 바로잡을 일 등이 있을 것이다. 이런 일들을 다음 생에서 할 수 있게 해주는 것이다. 이 얼마나 멋진 일인가! 그래서 내가 환생이 신이 우리에게 주신 최고의 선물이라고 말하는 것이다.

098

우리는 모두 육신이라는 옷을 입고 있는 영혼으로서 수천 번, 수만 번가량 윤회한다. 그 이유는 무수히 많은 삶을 살면서 의식 성장, 영적 진보를 이루기 위해서다. 우리의 영혼이 완성되면 우리는 그동안 망각했던 신성을 되찾고 신과 합일하게 된다. 우리가 윤회하는 이유는 지긋지긋하고 고통스러운 삶을 체험하기 위해서가 아니다. 그 반대다. 자기 자신이 무한한 신적 권능을 가진 존재, 사랑 그 자체인 존재임을 깨닫기 위해서다.

099

우리는 살면서 생각과 욕망을 통제할 수 있어야 한다. 생각과 욕망에도 좋은 것이 있고, 나쁜 것이 있다. 좋은 생각과 욕망은 좋은 행동으로 이어져 좋은 카르마를 짓게 된다. 반대로 나쁜 생각과 욕망은 나쁜 행동으로 이어져 나쁜 카르마를 짓게 된다.

100

인간으로 살면서 어려운 사람들을 돕고 선한 일과 인류에게 도움이 되는 일을 많이 한 사람은 윤회 속도도 느려진다. 특히 다음 생을 준비할 때 좀 더 고차원적으로 살 수 있는 삶을 계획하게 된다. 좋은 카르마를 많이 짓고, 나쁜 카르마는 짓지 않은 경지에 오르면 더는 윤회하지 않는 영적 마스터가 된다.

나쁜 카르마는 윤회 속도를 빠르게 한다. 다음 생에 자신이 전생에 저질렀던 행동의 대가를 고스란히 받도록 계획하게 된다. 나쁜 카르마를 계속 지으면 윤회의 수레바퀴를 멈출 수 없다는 걸 기억해야 한다.

죽음 이후 사후세계의 비밀 필사본

제1판 1쇄 2024년 2월 7일

지은이 김도사(김태광)
펴낸이 한성주
펴낸곳 ㈜두드림미디어
책임편집 이향선
디자인 얼앤똘비악(earl_tolbiac@naver.com)

㈜두드림미디어
등록 2015년 3월 25일(제2022-000009호)
주소 서울시 강서구 공항대로 219, 620호, 621호
전화 02)333-3577
팩스 02)6455-3477
이메일 dodreamedia@naver.com(원고 투고 및 출판 관련 문의)
카페 https://cafe.naver.com/dodreamedia

ISBN 979-11-93210-53-6 (03110)

책 내용에 관한 궁금증은 표지 앞날개에 있는 저자의 이메일이나 저자의 각종 SNS 연락처로 문의해주시길 바랍니다.